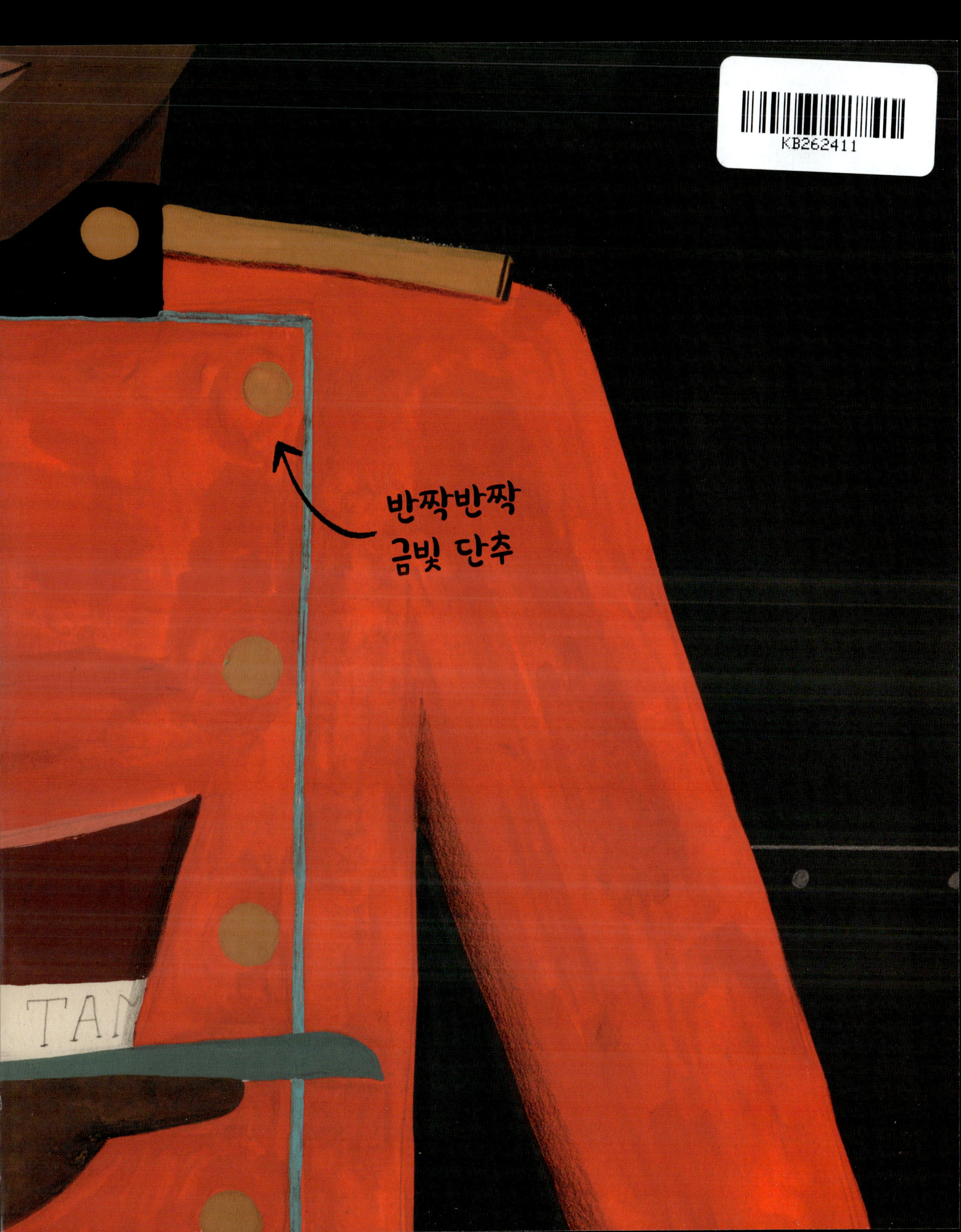
반짝반짝
금빛 단추

누리아 파레라 Núria Parera

스페인 TV3에서 가장 성공적인 시리즈의 각본가이기도 했던 누리아 파레라는 청소년을 위한 연극, 어린이를 위한 칸타타, 단편 소설을 집필했으며
저널리스트와 시나리오 작가로도 활동하고 있습니다. 2020년 IBBY 아너 목록에 오른 책《The Suitcase》(옷가방)을 썼습니다.

다니 토랑 Dani Torrent

일러스트레이터, 화가, 작가로 활동 중인 다니 토랑은 2022년 볼로냐 국제 어린이 도서전에서 '올해의 일러스트레이터'로 선정됐습니다.
스페인, 이탈리아, 프랑스, 벨기에, 에스토니아, 미국 등에서 그림 작품을 내고 있으며,《일등석 기차 여행》의 글을 쓰고 그림을 그렸습니다.

김보람

신문방송학을 공부하고 언론사와 출판사에서 일했습니다. 2024년 현재 유엔교육과학문화기구(UNESCO)《유네스코뉴스레터》의 편집장을 맡고 있으며,
다양성과 관용, 평등에 관한 책을 소개하고 우리말로 옮깁니다. 옮긴 책으로《엄마와 나》,《시간은 꽃이야》,《누구나 그럴 때가 있어》등이 있습니다.

* 책이 나오기까지 특별한 도움을 주신 박혜인 님께 감사드립니다.

불의여우 그림책 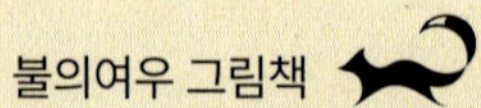

기찻길 밖을 달리면

Tami, the train operator

초판 1쇄 펴낸날 2024년 4월 15일
글 누리아 파레라 그림 다니 토랑 옮긴이 김보람
편집·디자인 에이치비 **제작** 세걸음
펴낸곳 에이치비 (인천광역시 부평구, 등록 제2014-0000009호)
전화 070-8098-6255 **팩스** 0303-3444-3694 **홈페이지** better-story.com
메일 HB@better-story.com **인스타그램** @revontulet_hb
ISBN 979-11-91536-06-5 (77870)

Text © Núria Parera
Illustrations © Dani Torrent
© Babulinka Books, 2021

KoreanTranslation copyright © 2024 by HB Books c/o VLP Agency, Chile (www.vlp.agency)
& The Choicemaker Agency, Korea (www.thechoicemaker.com)

불의여우 그림책 미리보기 영상

불의여우는 더 다양한 이야기를 하고 싶은 출판사,
에이치비가 만드는 아동도서 출판 브랜드입니다.

어린이제품 안전특별법에 의한 기타표시사항

제품명 기찻길 밖을 달리면 | 제조자명 에이치비 출판사
제조국명 대한민국 | 사용연령 4세부터

◦ 값은 표지에 있습니다. ◦ 잘못 만들어진 책은 바꾸어 드립니다.

⚠ 아이들이 책을 입에 대거나 모서리에 다치지 않게 주의하세요.

길 밖의 세상을 꿈꾸는 모두를 위해

기찻킬 밖을 달리면

누리아 파레라 글

다니 토랑 그림

김보람 옮김

불의여우

12
9
3
6
- 17 - 18

타미는 회사에서 가장 뛰어난 기관사였어요.
언제나 빈틈없이 기차를 운전했죠.

타미의 기차를 탄 손님들은 행복했어요.

"어쩜 이렇게 시간을 딱 맞춘담!"

"호루라기 소리는 또 얼마나 멋진데요!"

"움직이는지도 모를 정도라니까요!"

TA

운전할 때 타미는 기찻길에서 눈을 떼는 법이 없었어요.
절대로요.
기관장에게 그렇게 배웠고,
타미는 누구보다 뛰어난 제자였으니까요.

사실 타미는 호기심도 많았어요.
밤마다 침대에 누워 눈을 감으면
마음속에 꼭꼭 숨겨뒀던 물음들이 떠올랐어요.

아까 봤던 발자국은 누구 것이었을까?
독수리는 어디다 둥지를 만들지?
저 개울을 따라가면 무엇을 만나게 될까?

그러던 어느 날, 그 일이 벌어졌어요.

타미는 손님 대신 고소한 땅콩과 달콤한 밤을 가득 싣고 가는 중이었어요.
다람쥐 무리는 이 고소하고 달콤한 향기를 그냥 지나칠 수 없었죠.

길을 반쯤 지나왔을 무렵, 다람쥐들은 기차로 뛰어올라
고소한 땅콩과 달콤한 밤을 있는 대로 주워담기 시작했어요.

타미가 깜짝 놀란 사이,
기차는 그만 기찻길 밖으로 벗어나고 말았어요.
덜컹! 철컹! 끼익, 끼이이익!!

기찻길 밖에서도 기차는 계속 앞으로 나아갔어요.
조금 더, 조금 더, 또 조금 더 말이에요!

그런데
이럴 수가!

이 일을 전해들은 기관장은 이렇게 말했어요.
"기차는 말이야, 절대 기찻길 밖으로 나가선 안 돼!"

하지만 타미는 꼭 그렇지만은 않다는 걸 알게 됐어요.

그 일이 있은 뒤부터 타미의 머릿속은
한 가지 물음으로 가득 찼어요.

"저 은빛 선로 밖에는 뭐가 있을까?"

TAMI

궁금증은 자꾸만 커졌어요.

손님을 내려주고 텅 빈 기차를 몰고 돌아오던 어느 날,

타미는 또 한 번 기찻길을 벗어나 보기로 했어요.

덜컹! 철컹! 끼익, 끼이이익!!

이번에는 여기서 멈추지 않았어요.

타미는 발자국의 주인이
여기저기 나무 줄기에서 등을 긁는
곰이었다는 걸 알아냈어요.

사냥감을 발견하고
날카로운 소리를 내는
독수리도 보았고요.

개울을 따라가면
바위 사이를 이리저리 헤엄치는
물고기들이 나온다는 것도 알았어요.

타미는 계곡 너머에 있는 마을로 들어섰어요.

"얘들아 눈 감아!"
마을 사람들은 타미의 기차를 보고 깜짝 놀라 외쳤어요.

"세상에, 부끄럽지도 않나 봐!"
"어떻게 기차가 기찻길 밖으로 나올 생각을 해?"

하지만 신이 나서
만세를 부르는 사람들도 있었어요.

**"가고 싶은 대로 가는 기차라니,
 정말 멋져!"**

타미 앞에는 온갖 풍경이 펼쳐졌어요.

눈부신 햇살이 쏟아지고 꽃과 생명으로 가득한 곳이 있는가 하면,

입술이 찢어지고 심장이 얼어붙을 만큼 춥고 스산한 곳도 있었죠.

마침내,
타미는 태어나서 처음으로 바다에 도착했어요.
바람에서 짭조름한 맛이 느껴졌어요.

"기차가 바다를 건널 수도 있을까?"
어부의 딸이 물었어요.

타미는 기차에 커다란 돛을 달며 이렇게 중얼거렸어요.
그럼 한 번 더 도전해 볼까?

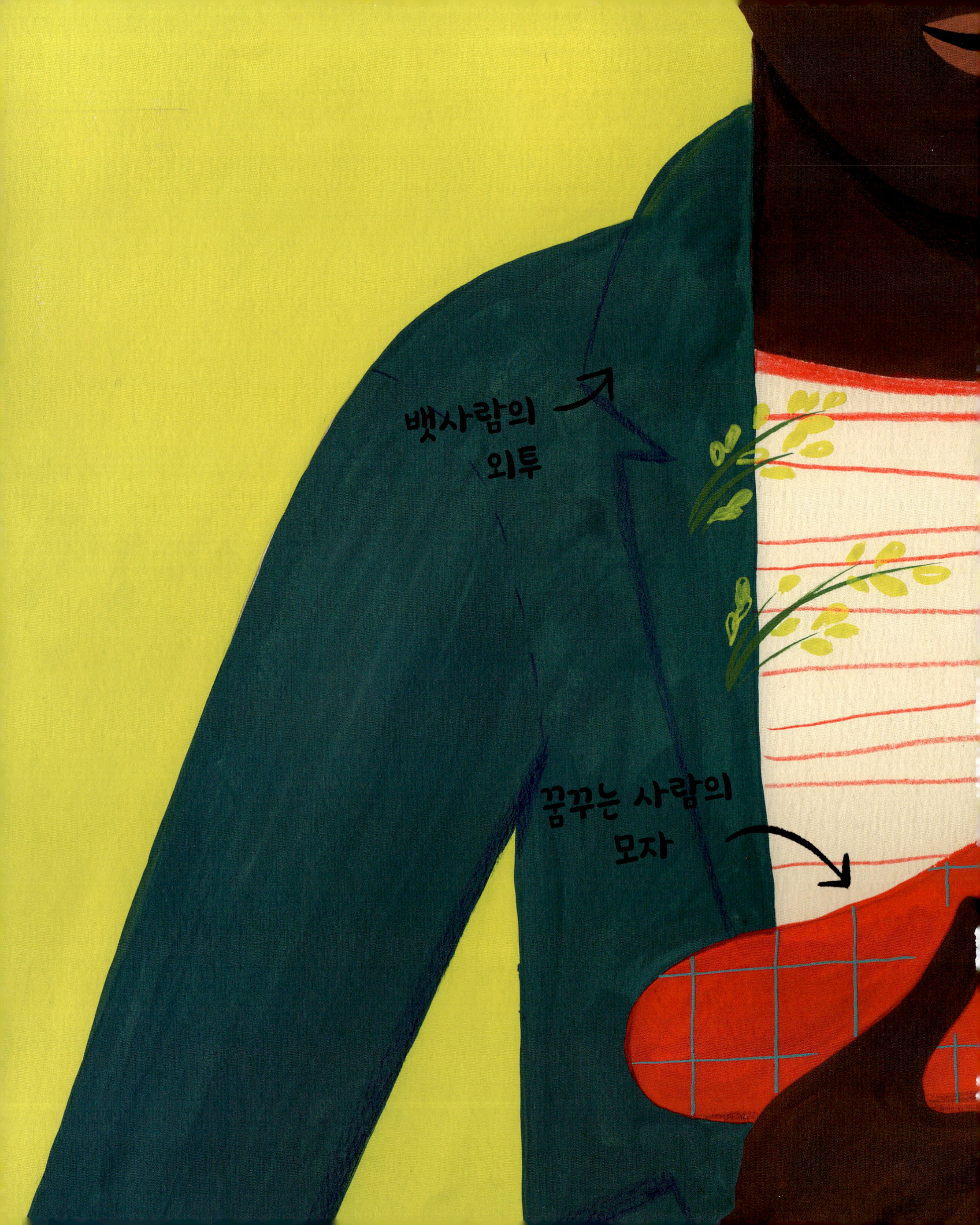
뱃사람의
외투
꿈꾸는 사람의
모자